隨身版

初機淨業指南

黃智海／著

笛藤出版

前言

在眾多佛教入門的佛經釋注、解釋的書中，黃智海居士的著作的確給初入門的人開了一道「方便」之門，將經文做逐字逐句的解釋，不僅淺顯也詳盡、容易理解。

因為時代的變遷、進步，原書老式的排版，對現在讀者的閱讀習慣較吃力困難，有鑒於此，本社的重新編排也盡量朝「方便」讀者的方向努力，使大家可以輕鬆的看佛書、學習佛法，另外，為了方便讀者隨身攜帶閱讀，特別將開本縮小，但字體儘量維持大字、清晰，便於閱讀且加深記憶。

本書有些地方將原文稍做修改，特記如下：

1. 標點符號使用新式標點的編排。新版的標點有些地方並不符合標準的標點符號，為了符合演述者的口氣，儘量保存原有的風味敬請察諒。

2. 內容太長的地方加以分段。

3. 民國初時的白話用字改成現今的用字，例如「彀」改成「夠」。「箇」改成「個」。「纔」改成「才」。「末」改成「麼」……等等意思相同的普通話。

4. 有一些地方方言上的語氣詞改成一般普通話的說法或刪除掉。例如：「同了」改成「和」或「與」，「那」、「了」、「的」、「是」的刪除。

5. 括弧內解釋的部分用**顏色**印刷，和本文區隔，使讀者更容易讀解。

希望稍做改版後的書，能夠對讀者有所助益，有疏漏的地方，敬請不吝指正是幸。

本社編輯部謹識

目次

序言

會稽尹涵之黃公，篤信佛法，精修淨業，欲令同人，咸修淨業，離苦得樂。以淨土諸書，文深義奧，不便初機及無學問人。因編作白話，縷析條陳，以示要義，名曰初機淨業指南。生死海中，得此指南，則背東向西，捨穢取淨。信願念佛，求生西方，當必一超直入如來地，不復在此世界中，長受生死輪迴之苦矣。既是志同道合，何妨助其勸導，乃為序曰。

阿彌陀經云：從是西方，過十萬億佛土，有世界名曰極樂，其土有佛，號阿彌陀。今現在說法，又曰：彼土何故名為極樂，其國眾生，無有眾苦，但受諸樂，故名極樂。其無有眾苦但受諸樂者，由阿彌陀佛福德智慧，神通道力，所莊嚴故。

吾人所居之世界，則具足三苦、八苦、無量諸苦，了無有樂，故名娑婆。梵語娑婆，此云堪忍，謂其中眾生，堪能忍受此諸苦故。

然此世界，非無有樂，以所有樂事，多皆是苦。眾生迷昧，反以為樂。如嗜酒耽色，畋獵摴蒱等，何嘗是樂。一班愚夫，耽嗜不捨，樂以忘疲，誠堪憐愍。即屬真樂，亦難長久。如父母俱存，兄弟無故，此事何能常恆。故樂境一過，悲心續起，則謂了無有樂，非過論也。

此世界苦，說不能盡，以三苦，八苦，包括無遺。三苦者，一苦是苦苦，二樂是壞苦，三不苦不樂是行苦。苦苦者，謂此五陰身心，體性逼迫，故名為苦。又加以恆受生老病死等苦，故名苦苦。壞苦者，世間何事，能得久長，日中則昃，月盈則食，天道尚然，何況人事。樂境甫現，苦境即臨。當樂境壞滅之時，其苦有不堪言者，故名樂為壞苦也。行苦者，雖不苦不樂，似乎適宜，而其性遷流，何能常住，故名之為行苦也。

舉此三苦，無苦不攝。八苦之義，書中備述。若知此界之苦，則厭離娑婆之心，自油然而生。若知彼界之樂，則欣求極樂之念，必勃然而起。由是諸惡莫

作，眾善奉行，以培其基址。再加以至誠懇切，持佛名號，求生西方，則可出此娑婆，生彼極樂，為彌陀之真子，作海會之良朋矣。

或曰：阿彌陀佛，安居極樂，十方世界，無量無邊，一世界中，念佛眾生，亦復無量無邊，阿彌陀佛，何能以一身一時普偏接引十方無量無邊世界之一切念佛眾生乎？

答：汝何得以凡夫知見，推測佛境，姑以喻明，使汝惑滅。一月麗天，萬川影現，月何容心哉。夫天只一月，而大海大江，大河小溪，悉現全月。即小而一勺一滴水中，無不各現全月。

且江河之月，一人看之，則有一月當乎其人。百千萬億人，于百千萬億處看之，則無不各有一月當乎其人。若百千萬億人，各向東西南北而行，則月亦于所行之處，常當其人，相去之處，了無遠近。若百千萬億人，安住不動，則月亦安住不動，常當其人也。

唯水清而靜則現，水濁而動則隱，月固無取捨。其不現者，由水昏濁奔騰，無由受其影現耳。

眾生之心如水，阿彌陀佛如月，眾生信願具足，至誠感佛，則佛應之，如水清月現也。若心不清淨，不至誠，與貪瞋癡相應，與佛相背，如水濁而動，雖不遺照臨，而不能昭彰影現也。

月乃世間色法，尚有如此之妙，況阿彌陀佛，煩惑淨盡，福慧具足，心包太虛，量周法界者乎。

故華嚴經云：佛身充滿於法界，普現一切羣生前，隨緣赴感靡不周，而恆處此菩提座。故知徧法界感，徧法界應。佛實未曾起心動念，有來去相，而能令緣熟眾生，見其來此接引以往西方也。懷此疑者，固非一二，因示大意，令生正信云。

民國十一年（一九二二）壬戌九月吉日　常慚愧僧釋印光謹撰

弁言

修到西方極樂世界去的方法，不用多說，只要專心念「南無阿彌陀佛」六個字，就能夠修成。

不過世界上的人，有一些完全不明白這個道理的人，有一些稍稍懂得一點的人，又多疑惑。

所以我作這本書使大家明白一些佛的道理。既然要大家明白一些佛的道理，使大家可以去掉疑惑，就不能不把淺近的佛理，解釋出來。要解釋一些佛的道理，就不能不說得周到一點，使大家沒有一點疑惑。不過要說得周到，就不免會有深一點的佛理。

讀這本書的人，第一件最要緊、不可不曉得的，就是一心念「南無阿彌陀佛」六個字，就可以修到西方極樂世界去。

若看了這本書，能夠完全懂得，自然最好。倘若講佛的道理的地方，有些不懂，也不要緊，儘量看下去無妨。只要把懂得的話，牢記在心裏，一面照我教你們的方法，去做就是了。

民國十一年（一九二二）歲次壬戌九月　上海黃慶瀾（智海）識於甬江官舍

隨身版

初機淨業指南

印光老法師鑑定
淨敬業弟子黃慶瀾演稿

1 相信佛法、修行佛法

我現在編這本書，為的是什麼？

是因為要勸你們相信佛法，要勸你們修行。為什麼要勸你們相信佛法，要勸你們修行呢？

因為我們生在這個世界上，很是不好，修成功了，可以到一個極好的地方去，名叫西方極樂世界。那個世界，比我們這個世界，要好幾百、千、萬萬倍呢！那裏的好處，是說不盡的。

我又曉得修行有一個極好、極方便的法子，所以我勸你們，若是你們曉得西方極樂世界的好處，恐怕要擋住你們不許去，也擋不住你們了。

又因為講修行，求生到西方極樂世界去的書，雖然多得很，不過文理都很

深，恐怕讀書不多的人，就不能夠懂得。講修行的法子，雖然也多得很，無奈有些法子，很不容易，恐怕你們怕難了，就不肯去修，或起初高興修，到後來又不高興了。

所以我把佛經裏，最容易、最簡便的方法，用白話來告訴你們。你們既然容易懂得，又容易學習，自然肯照我說的方法去修了，我現在就把種種的道理，詳詳細細，一層一層的告訴你們。

當初阿彌陀佛，沒有成佛之前，是一個大國的國王。因為聽了世自在王佛，講說佛法，他就捨棄了王位，出了家去修行，立了重誓，情願修成了佛，到我們這個世界上來，度脫這個世界上的一切受苦的眾生。（眾生，是一切有性命的活東西，不只是人，即使是畜生、蟲蟻，凡有性命的，都叫做眾生。）所以發了**四十八個大願心**。

這四十八個大願心裏，第十八個願心說：若我成了佛，**十方世界**，（東方、南方、西方、北方、東南方、東北方、西南方、西北方，加了上下兩方，叫做十方。）一切苦惱的眾生，倘若能夠誠心相信，並且喜歡生到我的國裏去，（就是

西方極樂世界。）只要他能夠把他所修的功德，完全歸在求生到西方極樂世界去的念頭上，都可以成功。

即使是功德很少的眾生，只要念我的名號十聲，我也會接引他生到西方極樂世界去。若念我的名號十聲的眾生，還不能夠生到西方極樂世界去，我就不願成佛了。

阿彌陀佛有了這樣的大願心，才能夠成了佛。所以念阿彌陀佛名號的人，自然會得到阿彌陀佛的恩德，來接引他，生到西方極樂世界去。所以你們要修成功，只要念阿彌陀佛就可以了。若是肯念阿彌陀佛，自然沒有修不成的。

阿彌陀佛的四十八個大願心，都是我們的教主釋迦牟尼佛，從前在我們這個世界上的時候，親口對人說的。釋迦牟尼佛，就是現在各處廟裏，大雄寶殿上，中間一尊大佛，也就是我們現在世界上的佛教主。

我說**修行修成功**，到底怎麼樣才算修成功呢。就是能夠生到西方極樂世界去，就算修成功了。

那**西方極樂世界**，就是阿彌陀佛所住的世界。那個世界，是極乾淨的，那裏

的地，完全是黃金生成的，那裏所有的東西，都是種種奇妙的寶貝生成的，實在是好得不得了，比我們這個世界的天宮，還要好到百千萬倍呢！在那西方極樂世界裏面，無論什麼地方，都是一點兒齷齪也沒有的，所以也叫做淨土，就是乾淨土地的意思。

為什麼修到了西方極樂世界，就算修成功了呢？因為我們修到了西方極樂世界，我們各個人，就都能夠了生脫死，（什麼叫做了生脫死呢？就是我們這個世界上的人，死了要去投生、生了又要死。了生脫死，就是永遠不再受那生了又死、死了又投生的苦。那生死的苦，我下面再講給你們聽。）超凡入聖了。（什麼叫做超凡入聖呢？超凡兩個字，就是跳過了凡人的境界，不再做這個世界上的凡人。入聖兩個字，就是能夠到聖人的地位，到了聖人的地位，就漸漸的好到佛的地位了。）可以從此一步一步的修上去，沒有一個人不能夠成佛。

到了西方極樂世界，就能夠修成佛的道理，我下面再講給你們聽。我現在先把西方極樂世界種種的好處，大略說給你們聽聽。

2 極樂世界

西方極樂世界，不只是完全是黃金的，在地上，還有許多的寶池，池的四邊來去的路，都是四種寶貝生成的。哪四種寶貝呢？就是金、銀、琉璃、玻璃。那裏的樓閣，都是七種寶貝生成的，哪七種寶貝呢？就是金、銀、琉璃、玻璃、硨磲，赤珠、瑪瑙。

所有的池，都叫做**七寶池**，因為池的周圍，都是七寶生成的。池裏的水，叫做**八功德水**，很香，很甜，很乾淨。喝了這種水，有說不盡的好處。若到這池裏去洗澡，心裏想要水暖些，就會暖些，要水涼些，就會涼些，要多就多，要少就少，沒有不是自然而然，稱你的心的。池底下，全是金沙，沒有絲毫不乾淨的泥土。

還有各種顏色的**蓮花**。那種蓮花，並不像我們世界上的蓮花，很小的，是從藕裏生出來，沒有幾天就會乾枯的。那裏的蓮花，有車輪盤一樣的大，並且都是各種寶貝生成的，所以永遠不會乾枯。並且各種顏色的蓮花，都會放出各種顏色的光來，又香，又好看。

池的四邊，有一排一排的**寶樹**，還有一層一層的**寶網**，都是各種珠寶生成的，罩在樹上。樹裏還會發出種種奇怪的**香味**來，還會生出極好、極奇怪的果子來。常常有微微的風，吹動了這些樹，還會發出極好聽的**聲音**來。那樣的好聽，恐怕我們世界上，即使有幾百千萬的樂器，一起吹彈起來，也還沒有這樣的好聽。並且那種聲音，不但好聽，那聲音裏，還講修行的種種法子。聽了那聲音，自然會生出念佛的心來，你想好不好呢？奇怪不奇怪呢？我說西方極樂世界，這樣的好處，只不過百千萬萬分之中，其中的一分、半分罷了。若要全部說起來，說個十天半月，也還說不完，並且不是說說就能夠形容的。

講到西方極樂世界，種種的好處，實在多得很呢！哪裏說得完呢？譬如你想要吃，那些吃的東西，自然會到你的面前來。要吃什麼？就有什麼。既不要出錢

去買，也不要用力去做。裝吃的東西的碗盞，也是很好看、很珍貴的。你想要用金銀的碗盞，那金銀的碗盞，自然就會到你的面前來。你想要用珠寶的碗盞，那珠寶的碗盞，也自然會到你的面前來。吃過了，這種碗盞，就自然會移去，也不要人去收拾的。並且你不吃，也不會肚子餓，多吃了，也不會肚子脹。

衣服想穿什麼，就會有什麼來。並且不穿也不會冷，多穿了也不會熱。一年到頭，也不涼，也不暖，總是溫溫和和的。

所有各種樹上的花，也是一年到頭不斷的，而且永遠不會乾枯，經常很鮮艷。你們想想看，我們這個世界上，什麼地方，有這樣的好呢？不但是沒有這樣的事情，恐怕連做夢也做不到呢！

3 極樂世界的蓮花

我上面所說池裏生的蓮花，並不是專門為了好看，還有種種的道理呢！我再詳詳細細，告訴你們。那池裏的蓮花，是十方世界念佛的眾生，發起了念佛的心，口口聲聲**念阿彌陀佛**，才隨時生出來的。世界上有一個人念佛，那西方極樂世界的池裏，就會生出一朵蓮花來。有十個人念佛，就生出十朵蓮花來，百千萬萬個人念佛，就生出百千萬萬朵蓮花來。

若越念越誠心，這朵蓮花，就一天光明一天，一天鮮艷一天。到了這個念佛的人，臨死的時候，阿彌陀佛和觀世音、大勢至等諸位大菩薩，就會拿了這個人念了佛，生出來的這一朵蓮花，和蓮花底下的金臺、或是銀臺，來接引這個念佛

的人，到西方極樂世界去。

到了西方極樂世界，這個念佛的人，就在這朵蓮花裏生出來。生了出來，就和那早先在西方極樂世界的人，一個樣子了，不像我們這世界上的人，慢慢的長大起來。

若是念佛的人，起初念佛的心，是很勤勤懇懇，切切實實的，到了後來，慢慢的怠惰下來了，這朵蓮花，就漸漸的暗淡了。若是念佛的心，完全退了，這朵蓮花，也就消滅沒有了。

有人問我道：什麼叫做金臺、銀臺。我回答他道：就是寺院裏，佛同菩薩，身底下坐的那件東西。念佛功夫深的，就得金臺，念佛功夫淺些的，就得銀臺，沒有什麼大分別。

4 極樂世界的人

西方極樂世界的人，一年到頭，沒有病痛，他的壽命，是再長久都沒有的。因為我們這個世界上的人，都是父母生出來的，所以有病痛，所以會死。生到西方極樂世界去的人，都是從蓮花裏生出來的，和我們這世界上的人，身體是父母生的，自然是大不相同了。

並且西方極樂世界，又沒有婦女。我們這個世界上的人，做了婦女，就有生產小孩的痛苦。西方極樂世界，婦女生產的苦，是沒有的。因為我們世界上的婦女，修成功了，到了西方極樂世界，就自然會變成男人身體了。

我們世界上的人，會做惡事情，做惡人，無非為了錢財、女色兩件事情。西

方極樂世界，既然沒有女人，那淫欲的念頭，自然不會生了。講到錢財這東西，也是用不著的。因為那西方極樂世界，要吃就有得吃，要穿就有得穿，還要錢財做什麼用呢？

並且那裏的世界，完全是種種寶貝生成的。全世界都是寶樹、寶網、寶樓閣、寶池、寶蓮花，滿眼都是寶貝，還說什麼錢財。既然用不著錢財，就不像我們世界上的人，為了爭奪錢財，造出種種的惡事情來了。

況且所有住在西方極樂世界的人，即使是最次等的下品下生的人，（生到西方極樂世界去的人，總共分九等，看各人功德的深淺，定他品級的高下。第一等叫上品上生，第二等叫上品中生，第三等叫上品下生。第四等叫中品上生，第五等叫中品中生，第六等叫中品下生。第七等叫下品上生，第八等叫下品中生，第九等叫下品下生。）也都是極善的大善人，已經變成了沒有一點煩惱的人了。那些人心裏所念的和做出來的事情，完全是**戒**、**定**、**慧**的很深很妙的大道理。（戒、定、慧三個字，怎麼解釋呢？那**戒**字，是自己禁制自己，不只不做一切惡事，就是那一切惡的念頭，也都要除掉它。

那**定**字，是一心一意、專誠念佛，不去轉絲毫別的念頭。

那**慧**字，就是癡字的反面，明白真實的道理，不起癡心妄想的念頭。

這戒、定、慧三個字，在佛經上，叫做**三無漏學**，就是沒有漏的學問。什麼叫做沒有漏呢？譬如一個水瓶，不破不缺，那瓶裏頭的水，自然一點也不會漏出來。有了這戒、定、慧三種的學問，那心思自然不會漏到別處去了，自然歸到正路上去，不會有癡心妄想了，所以叫做三無漏學。）

我們和這些極善的大善人，住在一處，天天親近。又聽不到一句惡話，碰不到一個惡人，哪裏還會生出不善的心來，做出不善的事情來，成為不善的人呢？

況且還有無窮無盡的大菩薩，像觀世音、大勢至、文殊、普賢等各位大菩薩，已經和佛差不多的，都是我們的好老師，好朋友。我們天天聽佛和諸位大菩薩，講說佛法。自然會一天一天的進步，一天一天的向上，自然會慢慢的修到佛的地位了。

而且我們現在所看見寺院裏的佛、菩薩、羅漢、都不過是裝塑、雕刻的像。那西方極樂世界的佛、菩薩、羅漢，都是活的，都是真的。我們修成功了，到了

西方極樂世界，同那活佛、活菩薩、活羅漢，天天在一起。這樣的快樂，除了西方極樂世界，哪裏還會有呢？你們為什麼還不想修到西方極樂世界去呢？

5 極樂世界的神通

到了西方極樂世界，我們的神通，還可以大得不得了。

第一件，我們現在的眼光，只看到幾十步路遠。如果有了一道牆壁，或是一張紙，隔斷了我們的眼光，或是到了夜裏，沒有亮光的地方，就一點也看不見了。到了西方極樂世界，無論日裏、夜裏，常常有各種亮光，沒有黑暗的時候，也沒有黑暗的地方，日裏、夜裏，都是一個樣子的。只看蓮花合攏，就是夜裏，蓮花開放，就是日裏。並且不論遠到幾千萬萬里，幾千萬萬的世界，儘管有無窮無盡的大山隔斷，也沒有一點都看不見的。就是黑暗到極暗的地方，也是明明亮亮的，看得清楚。即使在我們這個世界上，也都能夠看得見。這個叫做**天眼通**。

第二件，我們的耳朵，只能夠聽見極近的聲音，稍稍遠一點，就聽不清楚了。到了西方極樂世界，不論遠到幾千萬萬里，即使在我們這個世界上，有一點點極輕的聲音，也沒有聽不清楚的。這個叫做**天耳通**。

第三件，我們只有自己的心思，可以知道的。旁人肚裏的心思，無論父子、兄弟、夫妻，儘管極親信，極要好的人，也不能知道。到了西方極樂世界，不論什麼人的心思，沒有不知道的。並且無論什麼書，不必讀，那書裏所說的樣樣事情，樣樣道理，自然都能夠曉得。不識字的人，也自然都會識字了。這個叫做**他心通**。

第四件，我們所曉得自己經過的事情，都是五、六歲以後的事情，三、四歲以前的事情，就都記不得了。到了西方極樂世界，不只是能夠曉得這一世的事情，連前一世，前十世，前幾百、幾千、幾萬萬世的事情，也都能夠曉得。這個叫做**宿命通**。

第五件，現在走路極強健的人，走路走慣的人，最多一天走一百里路罷了。到了西方極樂世界，不必一分鐘，就能夠遊遍十方無窮無盡的世界，並且一點也

不吃力，一點也不繁難。我們這世界上的人，碰到了高山，或是大河、大江、大海的地方，或是大風、大雨、大雪的時候，就都不能夠走了。若生到了西方極樂世界去，做了西方極樂世界的人，就可以要到哪裏，立刻就到哪裏。沒有什麼阻隔，並且非常的快，沒有比這個更有趣的了。這個叫做**神足通**。

我上面所講的，是叫**五通**。佛法裏，得了這五種神通，已經比那最高的神仙，勝過許多了。再加上了一個**漏盡通**，就叫做**六通**。

不過這六通，一定要得道的羅漢，才能夠完全得到。什麼叫做漏盡通呢？就是貪、瞋、痴等種種的煩惱，（**貪**、**瞋**、**痴**三個字，是怎麼解釋呢？那貪字，就是貪心不足的意思。那瞋字，就是心裏動火發恨的意思。那痴字，就是心裏轉的念頭，不合正當道理的意思。

這三種都叫做意業，就是在心意裏所造的業，所以叫做**意業**。因為有了這三種的心，就要造出種種的惡業來了，所以這三種心，實在是生出種種惡業的原因，不可以不隨時警戒。）一點也沒有了。**戒**、**定**、**慧**等種種的功德，都圓滿完

全。但是這種道理，是很深的，說起來也不容易明白，所以我也不詳細說了。

總之我所說的那六種神通的好處，只不過說了千萬萬分裏的一、二分。你們聽了，恐怕已經覺得奇怪極了，因為從來不曾聽過，所以覺得很奇怪吧！

6 現實世界的苦

我上面已經把西方極樂世界的樂處，大略說給你們聽了，我再把我們現在這個世界的苦處，也大略說給你們聽聽。

我們這個世界，是極苦的，我們大家都糊裡糊塗的過日子，不曾細細的想想，所以不覺得這個世界的苦。我把我們這個世界的苦處，說給你們聽了，恐怕你們都要覺得這個世界，真是極苦。急忙要想逃出這個苦世界，不想住在這個苦世界了。

我們這個世界，第一件苦事，就是最初在母親肚裏的時候和生出來的時候的苦。小兒在胞胎裏，他的母親，吃一點冷的東西下去，小兒就像在冰山旁邊一樣的冷，吃點熱的東西下去，小兒就像在火山旁邊一樣的熱。母親的肚子吃飽了，

又像有一座山壓下來一樣的重。等到生的時候，像是有兩座山，把他夾住了，他在兩座山當中，硬鑽出來。那個時候的痛苦，真的說不出，說不完的。所以小兒一生下地，總是哭的，就是這個緣故。不過等到長大了，會說話的時候，就記不得了，所以大家不曉得。這叫做**生苦**。

第二件苦事，就是我們這些人，都是父母生的，吃的是五穀，天氣又忽冷忽熱，所以病痛總是不能免的。各人有不相同的病，就有各種說不盡的痛苦，這是人人曉得的。只不過病好了，就忘記生病時的痛苦罷了。這個叫做**病苦**。

第三件苦事，就是人老了的苦。世界上的人，若是還沒到老就死了，自然人人說他是短命人，一般說是很不好的。不過人到了老，就有種種的苦了。譬如看東西，眼光不清楚，看不見了。聽人說話，耳朵不清楚，聽不到了。吃東西，牙齒又脫落，咬不動了。跑到什麼地方去，腳又走不動了，坐船坐轎也還嫌辛苦了。種種不能自由自在的苦處，真是說不盡的。這個叫做**老苦**。

第四件苦事，就是一個死字。一個人到了死的時候，其實是極苦的。只不過人已經死了，不能說話，旁人不曉得他的苦罷了。你們看一個人，到臨死的時

候，大半舌頭是很硬的，透氣是很急的。手腳也是很不靈便的，要動又不能動，在床上翻來覆去，渾身酸痛。要吃又吃不下去，要吐又吐不出來。四肢百脈，處處難過，要死又偏偏死不了。這種情形，是很多的。何況一切事情，都還沒有料理好，想交代後輩，偏偏神志不清楚了，不能說話了。或是神志很清楚，嘴裏想說話，在喉嚨裏，又偏偏哽住，說不出來了。自己家裏的人看了，心裏說不盡的難過。若是因為急病或是飛來橫禍死的，那更有種種未了的事情，說不盡了。這個叫做**死苦**。

第五件苦事，是極要好、極恩愛的夫妻兒女，天天在一塊兒，很有趣的。忽然為了求衣求食，要出門去了、或是碰到了刀兵、災劫、或是死了、只得硬著肚腸，各自分開了。像是親戚朋友，天天聚會在一處，也是很有趣的，等到有了什麼事情，或是我離開他、或是他分開我，也就不能相聚了。這都是沒辦法的，到了那時候，一種難分難捨的苦處，真覺得可憐得很呢！這個叫做**愛別離苦**。

第六件苦事，就是一個人，總是有不喜歡的人，或是有反對自己的怨家，

巴不得不要見面，偏偏又常常要碰到，避又避不開，逃又逃不過，碰到了又無緣無故生出種種的煩惱苦處來。或是想辦法來破你的錢財、或害你的性命，也是有的。這個叫做**怨憎會苦**。

第七件苦事，就是要東不得東，要西不得西。譬如想要一件東西、或是盼望成就一件事情、或是要到一處地方、或是要見一個要好的人，偏偏都做不到。我心裏要的，偏偏要不到，種種不能夠稱心的事情，無論什麼人，都是很多的。這個叫做**求不得苦**。

這**七種**苦，都叫做**果苦**。還有**一種**苦，是因為五陰熾盛得到的苦，叫做**因苦**。七種果苦，一種因苦，合起來就叫做**八苦**。

什麼叫做**五陰熾盛**呢？陰字，是遮蓋的意思。有五種事情，（五種事情，就是**色**、**受**、**想**、**行**、**識**，五種。**色**是有形像可以指得出來的，都叫做色。**受**，是受到的種種苦的樂的境界。**想**，是心裏轉著種種好的壞的念頭。**行**，是心裏持的念頭，一個去了，一個又來，接連著沒有停歇的意思。**識**，是分別種種境界的意識。）遮蓋了人的本性，可以使得人的心裏，迷迷惑惑，造出各種的業來。所以

那五件事情，就叫他**五陰**。

因為有了這種五陰，那貪、瞋、痴的心，就牢附在這個五陰上，像火碰到了乾柴一樣，就會烘烘烈烈的燒起來，所以叫做五陰熾盛。

這**熾盛**兩個字，本來是火勢旺得厲害的解釋，現在借這熾盛兩個字來比喻這五陰的。並且比喻這五陰迷惑人，容易得很，像乾柴容易著火一樣。

有了這五陰熾盛的因苦，就會生出上面所說的七種果苦來。五陰熾盛譬如苦的種子，是受苦的原因，所以叫做苦因。那上面所說的七種苦，譬如結的果子，是受苦的結果，所以叫做**苦果**。

因為有了五陰熾盛的因苦，自然有果苦生出來了，只不過人正當五陰熾盛的時候，糊糊塗塗，不覺得苦罷了。雖然人不覺得苦，但是既然有五陰熾盛的因苦，將來一定會受到那七種果苦，這是因果報應一定的道理。並且將來受七種苦報的時候，仍舊還有五陰熾盛的苦因，牽連著的，所以就成了，一世又一世，永遠脫不了的苦哩！

總之這個世界上，苦的事情多得很，這八種苦，無論富貴人、貧賤人、人人

都有的，沒有一個人沒有這種苦的。還有別種的苦，各人各有不同，富貴人有富貴人的苦、貧賤人有貧賤人的苦，哪裏說得盡？不過大略說說罷了！

7 空與無明

我上面所說的色、受、想、行、識的五種事情，其實都是**空的**。但是在你們心裏想起來，都是實在的事情，怎麼說是空的呢？

你們要曉得，那是因為被**無明**迷住了真心，所以從真空裏，現出這樣虛的、假的境界來。（**無明**兩個字，就是不明白的意思。這件東西，是沒有質地的，被它迷住了真心，就使得那真實的道理，不能夠明明白白，顯出來，所以叫做無明。）

要是修到了大菩薩的地位，那無明就漸漸的少了，可以見到種種的事情，都不是實在的了。一直要到無明去得乾乾淨淨的時候，那種虛的、假的境界，自然會沒有，那真實的道理，自然會明白，那就是成了佛了。

這層道理，本來是很不容易明白的，但是起初學佛的人，也應該要約略曉得的。曉得了這種道理，就可以使那貪、瞋、痴的惡心，漸漸的平靜下去。所以我必須告訴你們這些。

我現在再把一件事，做為一個證據，可以去掉你們種種的疑惑心。

譬如你們夜裏睡著了，不是會做夢嗎？那夢裏，也有自己，也有旁人，也有房屋，也有器具，有時受到的，是很快樂的境界，有時受到的，是很苦惱的境界。等到醒了，才曉得是一個空夢。

你們想想看，你們的身體，睡在床上的時候，夢裏到各處去的身體，是你們的呢？或不是你們的呢？是從什麼地方來的呢？那夢裏的種種事情，究竟是真實的呢？還是不真實的呢？

你們要曉得，那是因為被睡魔迷住了心，所以現出種種虛的、假的境界來。一個人在做夢的時候，不知道這種種的境界，都是沒有的，都是虛的、假的。這就像我們凡夫，被無明迷住了心，就造出種種虛的、假的事情來一樣。其實一絲一毫，都不是真實的。

8 種佛因

講到我們的真心，本來是和佛心一樣的，從古時到現在，不會生一個出來，也不會滅掉一個，從來沒有一點變動。現在種種現出來的形相，都是被無明，迷住了真心而現出來的，都是虛的、假的，不實在的。

但是，你們既然曉得了種種事情，都是空的，卻千萬不可以因為任何什麼事情，都是空的，就隨意造出種種的惡業來。你們要曉得，無明這東西，就是一種因果報應，倘若造了惡的業因，將來絕對逃不了苦的果報。

譬如一塊田，春天下了穀種，到了秋天，自然會結成稻，那是一定的道理。既然造了惡因，就會得到苦報應，那麼修了佛因，將來自然會結成佛果。我所以

要勸你們念佛，就是要你們種佛因，希望你們將來能結佛果，這也是因果的道理。倘若你們真能夠**種念佛的善因**，將來自然能結成生到西方極樂世界去、漸漸的**修成佛的好果**。

我這一番話，對你們說，應該明白了。倘若還有不明白的地方，也不要去多想他，只要把那因果兩個字，相信得真真切切，不起一絲一毫的疑心，只要自己天天誠心念佛，將來一定能生到西方極樂世界去。常常把這個念頭，放在心上就是了。

一個人在世界上，不曉得有幾年能活，活到七、八十歲的人，一千個人裏，能有幾個。那短命的人，有的一生下就死了，有的生下幾天就死了，幾個月死的，幾歲死的，十幾歲、或二、三十歲、四、五十歲死的，多得很呢！到了西方極樂世界，就永遠不會死了，就永遠沒有死的苦了。在那裏的人都從蓮花裏生出來，生的苦當然沒有了。即使是病的苦、老的苦、愛別離的苦、怨憎會的苦、求不得的苦，也都沒有的。並且戒、定、慧的功德能夠完全滿足，貪、瞋、痴的念頭絲毫沒有，心裏完全是清清淨淨，真真實實的。

到了那個時候，自然會曉得那色、受、想、行、識五種，遮蓋本性的事情，都是空的。那個心，也就不會牢附在這個色、受、想、行、識五種事情上了。即使是五陰熾盛的根本苦，（因為是將來受苦的根本，所以叫做根本苦，和因苦一樣的意思。）一點也沒有了。這不是沒有苦處，只有樂處嗎？

何況一個人的身體，真的是極危脆而不堅固的，稍稍傷壞了一點，就覺得非常的痛苦，多傷壞了一點，就會死了，有什麼可愛呢？難道不想好好的修到西方極樂世界去嗎？還想稱什麼好漢，逞什麼英雄，做出種種的惡事情來呢？

9 前世的報應

一個人一口氣沒有斷，很像個樣子，等到無常鬼一到，一口氣回不來了，你們想想看，還像個什麼東西，天冷的時候，還可以拖延幾天，若是天熱的時候，不過一天，已經臭得沒有人敢去聞了，再過幾天，已經爛得沒有人敢去看了。即使是你最要好的妻妾、兒女，恐怕到了那個時候，也不肯像你活的時候，一樣的看待你了。

你們看見相貌好的女人，歡喜得不得了，你們閉了眼睛想一想，等到這個相貌好的女人，沒有了氣，只剩了一個屍首，你們還想她嗎？再過幾天，爛成了一堆膿血，你們還愛她嗎？再過幾天，只存了幾根白的骨頭，你們還愛她嗎，所

以貪戀女色的人，真是糊塗人，真是沒有道理的。不要說人已經死了，即使活的時候，穿上了好衣服，自然看了很體面。只要細細一想，他皮膚裏頭，是什麼東西？不是膿血，就是臭汗。他肝腸裏頭，是什麼東西，不是屎尿，就是蛆蟲，臭不臭呢？齷齪不齷齪呢？

所以一個人，其實是沒有什麼好處的。一個身體，其實是一件很沒有用，很不乾淨的東西，真的可以不要的。

倘若能夠修到了西方極樂世界去，這個身體，在蓮花裏生出來了，就不是這個樣子了，就是一個金剛不壞，乾淨香潔的身體了。

有人問我道：為什麼這個世界上，有這樣的苦？

我回答他道：因為這個世界上的人，前世都作了孽，所以今世都生到這個世界上來，受種種的**苦報應**。只不過前世所作的孽，還不很重，所以今世所受的報應，也還不重。為什麼還算不重呢？

因為我們終究還投到了一個人的身體，倘若前世罪孽很重，今世恐怕就要投做牛、馬、豬、狗了。

又有人問我道：你說我們投到這個世界上來做人，都是前世作了孽，我問你那些大富大貴的人，也是前世作了孽的嗎？前世作了孽，怎麼今世還能夠大富大貴呢？

我回答他道：那些大富大貴的人，雖然是前世沒有作大孽，還修了些福，所以今世能夠大富大貴。不過投到這個世界上來，儘管大富大貴，我前面所說的八種苦，還是不能夠免掉，我前面所說西方極樂世界種種的好處，還是不能夠享受到的。

所以雖然比投了畜生好了許多，終究還不見得十分好。若是十分好的，就到西方極樂世界去了。何況今世大富大貴的人，更加容易作孽。今世若是多作了孽，恐怕下一世，不只是不能夠大富大貴，恐怕還投不到人身哩！一個人一失了人身，不曉得哪一世，才能夠再得到人身。所以我們既然得了人身，必定要快快的修行，修到西方極樂世界去，就不會失掉這個人身了。

又有人問我道：我今世雖然沒有修行，我也沒有作孽，我下一世，仍舊可以投得到人身，不會投畜生的。並且我今世不修，下一世去修，也還來得及。

我回答他道：先下種子的，先得到結果。你今世得到的人身，不曉得是你哪一世修來的報應，或者是你前二世，或是前三世的報應。等到你下一世，或者要報應你前二世，或是前一世所做的事情了。

你今世雖然沒有作什麼孽，照你今世講起來，下一世應該不致於投畜生，不過不曉得你前二世，前一世的做人，是怎麼樣的？

或許你前二世，前一世做人的報應，要投畜生呢？

倘若你下一世，投了畜生，會怎麼樣呢？

你要曉得，投了畜生，就沒有人來對你講修行的話，就沒有人來勸你修西方極樂世界去的好處了。到了那時候，你就不曉得要修行了，即使曉得，也不會曉得修行的法子了。

這是下一世投畜生的說法，這是往不好的方面說的。

我再往好的方面說給你聽聽。

譬如你下一世投了一個大富大貴的人，到了那時候你又有錢，又有勢，今天殺雞吃鴨，明天殺豬吃牛，賭錢，喝酒，還要嫖女人，或是仗了勢力，欺苦、

惱人。倘若做了官，貪不應該拿的錢，欺壓小百姓，或是得了人家的錢，就要以曲作直，以直作曲，包庇壞人，冤屈好人，或是冤枉殺好人，聲勢越足，作孽越多。心裏高興著，任了性子，隨便亂來，覺得非常快活，恐怕糊裡糊塗，一天一天的作孽還來不及，哪裏還會想著修行呢？

所以講到修行，講到要逃出這個苦惱世界，只有趕快念佛，要像來不及的樣子，才能夠修得成功啊！

況且現在世界上的人心，一天壞一天。作孽的人，一天多一天。所以現在世界上的刀兵災、水災、旱災、火災、瘟疫災，比從前多了幾百倍，幾乎沒有一個地方沒有災，也沒有一個時候沒有災。你們想想看，即使從前不遠的時代，就在五十年前，是這個樣子嗎？各種災難，有這樣的多嗎？那個時候的人心，那個時候的風俗，雖然已經不十分好，比現在的人心風俗，還算好得多呢！

現在世界上的人，大半就是五十年前的人投生的，因為五十年前的人心，已經不十分好，所以投到這個世界來，受這樣的苦報應。若是照現在的人心，將來世界上的各種災難瘟疫，還不曉得要比現在多到多少倍呢！將來的報應，還不曉

得要苦到什麼地步呢！

所以我勸你們趕快的念佛，趕快的求生到西方極樂世界去，逃出這個苦世界吧！

10 不犯十惡業，來修十善業

有一種不明白道理的人，念了佛，念了經，說是死了可以當錢用的，這是不明白道理的人說的。

一則佛號怎麼可以當錢用？佛經就是佛所說的話，佛說的話，怎麼可以當錢用？二則死了應該要到西方極樂世界去，才是正道理，怎麼還想去做鬼呢？做鬼比做人，更加要受苦的，做人已經是很不好了，還要想去做鬼嗎？所以念佛念經，要到西方極樂世界去，才算是正道理。

我前面說，做鬼比做人，更加要受苦，是什麼道理呢？我來詳詳細細，告訴你們。

照佛經上說起來，三界裏的一切眾生，（什麼叫做三界，我下面再講給你們聽。）可以分做六道，就是六個種類的意思。生在天上的人，叫做天道。生在世界上的人，叫做人道。還有一道，叫阿修羅道，那是神道的一種。這天人阿修羅三道，叫做三善道，能夠生在這三善道裏的，都是修了十種善業的報應。還有三種眾生，叫做三惡道，一種是畜生，一種是餓鬼，一種是地獄，這都是造了十種惡業的報應。業輕的受報也輕，業重的受報也重，這是因果報應一定的道理。

那**十種惡業**，又分**身業**、口業、意業，三種。**身業**裏，又分殺生、偷盜、邪淫，三種來。因為這三種惡業，是身體做出來的，所以叫做身業。**口業**也分做四種。一種叫妄語，就是說假話。一種叫兩舌，就是搬弄是非。一種叫惡口，就是咒罵人家。一種叫綺語，就是喜歡說輕薄的話。因為這四種，都是從口裏造出來的惡業，所以叫做口業。還有心意裏生出來的惡業，也有三種，都叫做**意業**，就是我前邊所說過的貪、瞋、癡三種。

一個人能夠**不犯這十種惡業**，**就叫修十善業**。但是修十善業的人，也要分上品、中品、下品，三種。上品的不只是自己能夠修十善業，並且還能夠勸旁人

也修十善業。中品的只是自己能夠修十善業罷了。下品的雖然自己也能夠修十善業，卻不免妨忌旁人的心。

若是一個人，能夠修了上品十善業，還沒有切切實實的念佛，把那所修一切善業的功德，完全歸在求生到西方極樂世界去的一個願心上，那麼這個人，就生到天道裏去了。若是修下品十善業的人，就生到阿修羅道裏去了。那修中品十善業的人，仍舊生到人道裏來的。

這一種人，雖然只修得中品十善業，但是既然能夠修十善業，那麼佛經上所說的五戒，也一定能夠守住了。因為五戒和那十善業，比較起來，其實是差不多的。（這個道理和什麼叫五戒，我下面再告訴你們。）但是一個人，一定要能夠守住五戒，才能夠保住人身，仍舊生到人道裏來，這是佛經上說的，一定不會差的。若是五戒守得好，能夠一點都不犯，今世一定就可以得到大福，享受長壽，事事稱心如意，將來死了，可以投在世界上，大富大貴的人家，享福作樂。

若是守得不好，不能絲毫不犯的，或是完全不能夠守的，那麼今世就難免要折福折壽了，將來死了去，還要隨他罪業的輕重，墮落到畜生、餓鬼、地獄道裏

去，永遠受苦！若是墮落到了畜生、餓鬼、地獄道裏去，再要想投生做人，實在是很艱難了。

所以有一句話，叫一失人身，萬劫不復。那麼一個人得到人身，實在是很不容易的，所以人總要守著佛的禁戒，萬萬不可以犯罪，使人身都失掉了。若是到了餓鬼道裏去，那就要長久的受到餓的苦了，就算有的時候得到一些吃的東西，但是到了他的嘴邊，那吃的東西，就會變成火了，使他吃不進口裏。戲裏的目蓮救母，那樣的苦，就是餓鬼道的情形。倘若再落到地獄道裏去，那種種的苦處，更加說不盡了，這是很要緊的，不可以不曉得。

我前面所說的，守五戒，和修十善業是差不多的，究竟是什麼道理呢？我先把什麼叫做五戒，說給你們聽。

五戒，就是**戒殺生**、**戒偷盜**、**戒邪淫**、**戒妄語**、**戒飲酒**。

這殺生、偷盜、邪淫，三種，就是十惡業裏的三種身業。說不應該說的話，都叫做妄語，所以五戒裏，就把那兩舌、惡口、綺語，一起包括在妄語裏。那麼妄語一種，就是十惡業裏的四種口業，這樣看來，那五戒裏的四戒，不是已經和

十惡業，都相同的嗎。

還有十惡業裏的意業三種，怎樣會相同呢？我再詳細，說給你們聽。

一個人所以要殺生，不是為了貪活東西的味道好，就是貪活東西的血肉，可以補養自己的身體，這兩種緣故，都成了貪業。若是看見毒的東西，恨它要害自己的身體，那就成了瞋業。

偷盜的事，更加是貪業了。

邪淫有兩種分別，一種是貪婦女的美貌，這就是貪業。一種是不懂道理，胡作胡為，那就是癡業。

講到一個人妄語的緣故，那就多得很。或因為動了火，就隨便罵人，那是瞋業。或是因為貪得什麼好處，說假話，那就是貪業。或是因為不懂得道理，逞著自己的嘴，瞎說瞎話，那就是癡業。

所以犯了五戒裏的殺生、偷盜、邪淫、妄語，四種，也就犯了十惡業裏的貪、瞋、癡三種意業了。

講到酒這東西，最容易迷惑人的性情，一個人飲了酒，就會糊糊塗塗，顛顛

倒倒，就是生出癡業來了。若是飲了酒，任性罵人，又造成了瞋業了。若趁著酒興，動起貪財、貪色的念頭來，這又是貪業了。那麼五戒裏的飲酒一事，已經完全犯了十惡業裏的三種意業了。

所以能夠守五戒，就和修十善業，的確是差不多的。

我這樣詳詳細細說，你們總應該明白了。但是只曉得修十善業，不曉得念佛求生到西方極樂世界去的人，既然不能超出三界，那麼只能守五戒，不能念佛求生到西方極樂世界去的人，也一樣的不能夠超出三界了。所以十善業當然要修，五戒當然要守。最要緊的，還是念佛求生到西方極樂世界去。這道理，是最最要緊的，不可以不牢記在心裏。

11 什麼叫三界

我前面所說的三界，也必須要詳詳細細，告訴你們。三界，就是欲界、色界、無色界。

從最下層的阿鼻地獄起，到我們這個世界，再上去，到四王天、忉利天、（這是第二層天，那天上的天王，就是玉皇大帝。）夜摩天、兜率天、化樂天、他化自在天，總名叫做欲界。因為這種界裏的人，都有男女情慾的，所以叫**欲界**。

從欲界六天，再上去，叫做四禪天，就是色界，總共有十八層天：有梵眾天、梵輔天、大梵天，這三層天，叫做初禪三天。少光天、無量光天、光音天，這三層天，叫做二禪三天。少淨天、無量淨天、徧淨天，這三層天，叫做三禪三

天。福生天、福愛天、廣果天、無想天、無煩天、無熱天、善見天、善現天、色究竟天，這九層天，叫做四禪九天。生到這十八層天上去的，都是有禪定功行的人。（**禪**字，解釋起來，叫做思惟修，就是用心思去想定一種道理、修自己的心。又叫做一心，就是把心裏的念頭，專門用在一種道理上，沒有別的事情，去分散他的心思。這是一種定心的法子。那初禪、二禪、三禪、四禪的高下，就是照修禪定的人的功行深淺，分別出來的。）那十八層天上的人，都是只有色身，（那身體有形狀顏色，可以看得見的，所以叫做色身。）沒有淫慾的，並且完全是男人，沒有女人的。因為那裏的人，都還有色身，所以叫做**色界**。

從這個色界，再上去，又有四層天。叫做空無邊天，識無邊天，無所有天，非想非非想天，也叫非非想天，這四層天上的人，連色身都看不見了，所以叫做**無色界**。

這三種界，總共是**二十八天**，都叫做**天界**。所有生在這二十八天上面的人，都是**化生**的，（譬如修成到西方極樂世界去的人，都在蓮花裏生出來的，也叫化

生。）不像我們世界上的人，都是父母生的。不過儘管生到了天上去，總還在三界裏，比生到西方極樂世界去的，究竟還差得遠呢！

12 凡人修到極樂世界去

有一種人，太過分虛心了，總是說我們這樣的凡人，還不及天界的人，哪能夠到西方極樂世界去呢？我們念佛，不過想消掉些罪孽，將來到陰司裏去，不致於吃苦罷了。

唉！這種人真是想差了！釋迦牟尼佛，因為哀憐你們這些人，在這個世界上吃苦，所以發這個大慈悲心，把阿彌陀佛這個大願心，告訴你們，教你們一個極方便、極容易，修到西方極樂世界去的法子。叫你們大家離開這個極苦惱的世界，都到極快樂的西方極樂世界去。你們想想看，阿彌陀佛和釋迦牟尼佛，哪裏會騙你們呢？所以你們只要照這個法子去修，沒有修不成功的。不過要修，一定

要拿定主意，一心一意，要修到西方極樂世界去，不可以有一點點的疑惑心。疑惑心一起，就不能夠一心一意了，不能夠一心一意，就會修不成。

如果你們想，自己總是有些罪孽，恐怕不能修到西方極樂世界去，其實這是不要緊的。即使你們從前有些罪孽，多念了佛，存了懺悔罪孽的心，雖然從前有些罪孽，也自然會消去。

但是你們不可以想，我們儘管作些孽，不要緊的，只要念阿彌陀佛，只要懺悔，那罪孽就會消去。若你們存這種念頭，那一定修不成了，不只是罪孽不能夠消去，並且還要罪上加罪呢！

從前已經作的孽，念了佛可以消去，這是阿彌陀佛的慈悲。看見你們肯誠心念佛，懺悔從前的罪孽，走到了修行的路上來，不再作孽了，所以阿彌陀佛，就用他的大智慧、大福德、大威力、大神通，把你們的罪孽消去了。你們怎麼可以仗了會念佛，就隨便作孽呢？若是存了這樣的心，即使念佛，也是沒有一點誠心，沒有一點懺悔的心思，怎麼會消去罪孽呢？這道理，是很要緊的，不可以不明白。

那虛心的人又問我道：我們這種凡人，也能夠修得到西方極樂世界去，有什麼證據呢？

我回答他道：有一部書，叫做往生集，都是些凡人修成功的實在事例，書上說的，多得很呢！不只是人可以修成功，那往生集一部書裏，還說有一隻鸚哥，一隻鸜鵒，因為聽了牠主人家念佛，牠學會了，也天天念佛，這兩隻鳥，也都修到西方極樂世界去了。照這樣看起來，鳥尚且能夠修到西方極樂世界去，何況我們是人呢？

還有一個道理，我們雖然是凡人，但是我們本來有的心性，都是和佛的心性是一樣的。我們現在不能夠成佛，只做一個凡人，是因為我們一世又一世做人，不免一世又一世，都有些罪孽。罪孽越積得多，本來的心性，越迷越深，所以就成了一個凡人，把本來有的佛性，都迷糊住了，就離開佛很遠了。

現在勸人念佛，就是要消掉前世所作的孽，並且把本來的佛性，慢慢的顯出來，把那種種的迷，慢慢的去掉。就可以慢慢的回復自己本來的佛性，就可以同佛相近了。所以修成佛，並不是什麼特別難的事情，只不過回復我們本來的佛性

罷了。再把這個佛性，保養它，慢慢的長大起來，越養越大，就可以成佛了。

你看阿彌陀佛，當初是從一個國王修成的；釋迦牟尼佛，從是一個印度的王太子修成的。他們兩位，都是和我們一樣的凡人，他們既然也是凡人修成的，我們一樣也是凡人，為什麼就不能夠修成呢？你們現在已經曉得阿彌陀佛和釋迦牟尼佛，都是凡人修成的，你們就可以相信，凡人的確可以修成佛的了。凡人既然也可以修成佛，那你們為什麼，還不快快的去修呢？

並且我不是說過阿彌陀佛有四十八條大願心嗎。四十八條大願心裏的第十八條，不是說若**念我名號的人，一定可以修到西方極樂世界去**的嗎！阿彌陀佛既然有這個大願心，接引我們，我們又常常念他的名號，求他接引。這就譬如一邊有人拉，一邊有人推，還有去不成的嗎？還有到不了的嗎？

不過人要修到西方極樂世界去，不只是要照佛經上所說的法子去做，最要緊還是要做好人，不可以做惡人。若是要做好人，第一要孝順父母。對任何人，都要守自己的本分。無論是本家，是親戚，都要和氣，都要照應。看見了窮苦人，要哀憐他們。自己有錢，應該拿出錢來，周濟窮人。處處要存善心，處處要行善

事，處處要行方便。

最要緊的，要能夠守住五戒，五戒裏的殺戒，更加不可以犯。不可以殺人，當然不必說了，即使是殺活的東西來吃，罪孽也已經最重了，也最要禁戒的。因為各種東西，形狀雖然和人不一樣，牠的心性，和人是一樣的。牠的前世也是人，不過牠前世作了大孽，所以今世投了畜生，已經是很苦了的，我怎樣可以把牠殺來吃呢？所以殺活的東西來吃，最是罪過，佛菩薩最不喜歡的。

13 臨終唸阿彌陀佛

又有人問我道：聽說一個人臨死的時候，念十聲阿彌陀佛，就能夠到西方極樂世界去。那麼我們也可以到臨死的時候，念十聲阿彌陀佛就是了，為什麼平常時候，天天要念佛呢？

我回答他道：臨死的時候，能夠念佛的人，一定是平常時候，常常念佛的人。若是平常時候不念佛，到了臨死的時候，哪裏還能夠想起這個念佛的念頭來呢？不只是想不起這個念佛的念頭，就是有人勸他念佛，恐怕到了那個時候，也不能夠聽人家的勸了，或是人已經糊塗了，勸他也不聽見了、或是舌根硬了，神志昏了，也不能夠念了。

所以**念佛的功夫**，**全靠平常時候**。平常時候專門念佛的人，到了臨死的時

候，舒舒齊齊，不慌不亂，心裏是很明白，舌根也不會硬，自然而然自己會念。不可以靠著臨死的時候，念十聲阿彌陀佛，就可以到西方極樂世界去，平常時候，連一句也不念。若是存了這樣的心，到臨死的時候，一定是一句也不會念的。這是最要緊的，你們一定要牢記在心裏。

還有一件事情，也是最要緊的。一個人臨死的時候，自己一定要念阿彌陀佛，家裏的人，也要幫忙他，抬高聲音，大家一起念阿彌陀佛。千萬哭不得，因為一個人才死的時候，靈魂還沒有去遠，家裏人的哭聲，都還聽得見。他聽到了家裏人的哭聲，會有點捨不得，他的心就會亂了，就不能夠一心向西方極樂世界去了，恐怕會落到別地方去。或仍舊投了人身、或落到鬼道那邊去，那反害了他了。所以家裏的人，即使要哭，也要等到這個死人的身體，冷透了再哭，那麼他就聽不見了，這句話大家一定要記住。

還有，人剛剛死的時候，萬萬不可以替他揩身體，換衣服。因為搬動了他的身體，他的心裏，會覺得很難受的，口裏雖然不會說，他的心裏，一定是很發火，很怨恨的。那剛剛死的人，一發了火，一動了怨恨心，就不能夠生到西方極

樂世界去了。可能因為發了火，動了怨恨心，就墮落到毒蛇惡獸那邊去了，那不是大大的害了他嗎？

所以對剛死的人，在旁邊照應的人，或是父母兄弟，或是妻室、兒女，或是朋友，或是一同念佛的人，總要幫助他一起念佛，可以使他生到西方極樂世界去。千萬不要還沒死定，先揩他的身體，換他的衣服，使死的人，發了火、生了怨恨心，就不能夠生到西方極樂世界去。你們如果碰到自己人，或是親戚朋友死了，能夠依我的話，才算對死的人，真正的對他好，真正的好照應。像現在世界上的人所做的，看了好像是對他好，實在是害了死的人，使得他苦上加苦啊！

念佛的人，臨死的時候，阿彌陀佛、觀世音菩薩、大勢至菩薩，會拿蓮花來接引這個人，到西方極樂世界去，我前面不是說過了的嗎？倘若念佛功夫深的人，他的功德大了，還有許多天上的音樂，在臨死的人的屋裏，或是在屋上面，或是在天空裏，發出極好聽的聲音來。那臨死的人和照應他的人，大家都能夠聽見、能夠看見的。並且佛和菩薩，還會伸下手來，接引他去。還有極稀奇的香氣，散滿在臨死的人的屋裏，那種香氣，能夠幾天不散。或是佛和菩薩，放出

很大的光來，照滿在臨死的人的屋裏和往西方去的天空裏。像這樣各種的奇怪祥瑞，能夠使種種的人，都能夠看見，都能夠聞到的。

並且念佛修到西方極樂世界去的人，到近死的日子，佛或是菩薩，會預先告訴他死的日子。他預先可以曉得，什麼日子，什麼時辰，要到西方極樂世界去了。這是最好的事情，因為預先曉得要死了，他就可以把自己家裏的事情，樣樣料理好了。親戚朋友，都可以預先知照，預先辭別。到了這個日子，自己可以洗洗澡，換換乾淨的衣服，預備到西方極樂世界去，見阿彌陀佛，這不是很好，很有意思的事情嗎？

14 唸佛的方法

又有人說道：我也很想念佛，不過我的事情很多，沒有功夫念佛。我回答他道：我教你好法子，每天只花一二十分鐘的時間，就可以做完的，並不妨礙你做事情。何況專門念阿彌陀佛一句佛號，更加容易了，不論你走路的時候、站的時候、坐的時候、睡的時候、做事情的時候、隨便都可以念的。一天能夠念一萬聲，幾萬聲，當然是最好，就是念一千聲，幾千聲，也是很好的，並沒有什麼難處。

究竟要如何修法呢？我告訴你們，你們照我下面所說的法子，每天早晨起來，洗了臉，漱了口，燒好了香，兩隻手合起來。若是家裏供有佛像的，就向佛像，沒有供佛像的，就向西方。誠心念下面的各種佛號。

南無十方常住三寶。（念到這裏，拜一拜。）

南無本師釋迦牟尼佛。（拜一拜。）

南無西方極樂世界，大慈大悲，接引導師，阿彌陀佛。（拜三拜，再念下面的讚佛偈八句。）

阿彌陀佛身金色，相好光明無等倫，
白毫宛轉五須彌，紺（ㄍㄢˋ）**目澄清四大海。**
光中化佛無數億，化菩薩眾亦無邊，
四十八願度眾生，九品咸令登彼岸。

南無阿彌陀佛。（拜一拜，就接連念下去，幾百聲、或幾千聲、幾萬聲，隨意都好。）

南無觀世音菩薩摩訶（ㄏㄜ）**薩。**（拜一拜。）

南無大勢至菩薩摩訶（ㄏㄜ）**薩。**（拜一拜。）

南無清淨大海眾菩薩摩訶（ㄏㄜ）**薩。**（拜一拜，再念下面的發願文十六句。）

我今稱念阿彌陀，真實功德佛名號，

唯願慈悲哀攝受，證知懺悔及所願。
我昔所造諸惡業，皆由無始貪瞋癡，
從身語意之所生，一切我今皆懺悔。
願我臨欲命終時，盡除一切諸障礙，
面見我佛阿彌陀，即得往生安樂剎。
我既往生彼國已，現前成就此大願，
普願沈溺諸眾生，速往無量光佛剎。

15 簡便唸佛的方法

我上面所說的方法，不是很容易嗎？我還有一個方法，比這個還要簡便，是專門為極忙的人，或是有病的人，想出來的好方法。這個方法，在早晨起來的時候、或是在夜間睡覺的時候，只要洗乾淨了手，向西方，拜一拜或是作一個揖，都可以的。只要兩隻手合起來，念南無阿彌陀佛六個字，不要記遍數，並不限定遍數，只要一口氣念下去。氣長，一口氣念十幾聲也好，氣短，一口氣念幾聲也好。連念十口氣，念畢，就念上面的觀世音等三位大菩薩的名號，各一遍。又念簡便的發願文一遍，再拜一拜，或是作一個揖，就算完事了。這個法子，做起來，也一樣可以修成功到西方極樂世界去。簡便發願文，總

共有八句，我把它寫在下面，你們大家可以照它去念。

願以此功德，莊嚴佛淨土。上報四重恩。下濟三途苦。

若有見聞者，悉發菩提心。盡此一報身，同生極樂國。

如果有人要比前面的方法，還要講究一點、完整一點，可以把前面的發願文，改用蓮池大師的發願文。或是在念讚佛偈之前，先念阿彌陀經一遍，往生咒三遍。念完了，再念阿彌陀佛身金色的八句讚佛偈，那是更加好了。蓮池大師發願文和阿彌陀經、往生咒、賣佛經的舖子裏，都有印好的本子賣的。有一本書，名叫禪門日誦，那本書裏，都有的。所以我也不再寫在這本書上了。

照了上面的方法去做，還要發三種誠心，自然一定會成功。那是哪三種誠心呢？

第一種是要曉得現在這個世界，是很苦的，要討厭它，不要想住在這個世界上。

第二種，是要曉得西方極樂世界，是很好的，要喜歡它，一心要到西方極樂世界去。

第三種，是要立定主意，將來到了西方極樂世界去，見了佛，得了道，再回到這個世界上來，度這個世界上的一切眾生，都生到西方極樂世界去，做個永遠離開種種苦處，受享種種樂處的上善人。

有了這三種誠心，再照上面念佛的方法去做，一定可以修成的。

16 相信西方極樂世界

有人說道：你說修到西方極樂世界去，有這樣的好處，我沒有看見，總有點不相信，哪裏會有這樣好的地方呢？

我回答他道：你對鄉下人說：皇帝住的房子，怎樣的大？穿的衣服，怎樣的好？吃的東西，怎樣的多？怎樣的珍貴？鄉下人沒有看見，肯相信嗎？譬如五十年前，對你說，幾十丈長的鐵船，不要人撐，也不扯篷，可以在海裏行的，你相信嗎？一輛車，有兩三丈長，接連了幾十輛，不用人推，也不用牛馬去拉，會走的，你相信嗎？燈不用油，也不用火去點，會亮的，你相信嗎？隔了幾十里路，或是幾百里路，在一根線上，兩邊可以說話，聽得很清楚的，你相信嗎？

你看現在的輪船，不是不要人撐，也不扯篷，在海裏自然會行的嗎！現在的火車，不是沒有人推，也不用牛馬去拉，自然會走的嗎！現在的電燈，不是不用油，也不用火去點，自然會亮的嗎！現在的電話，不是在一根線上，隔了很遠的路，兩邊可以說話，聽起來很清楚的嗎！你五十年前，沒有看見的時候，對你說，你不是不相信嗎！現在你看見了，你不是相信是真的了嗎。所以你不可以因為沒有看見西方極樂世界的好處，就不相信。若是假的，不是真的，那麼幾千年來，怎麼會有好多人相信呢？

況且專心念佛，求生到西方極樂世界去的人，都是很有才學的人，很有見識的人，也有功名很大的人，丟棄了他的高位，出家去做和尚修行的。難道那些人，都是呆子、痴子嗎？都是上當的嗎？

還有，那念佛的人，到了近死的時候，自己先曉得死的日期、時辰。到了那個時辰，或是天上的樂器，在天空裏吹彈、或是奇怪的香氣，散滿在屋裏。種種的祥瑞，哪個人能夠做假的呢？你們這樣還不相信嗎？

所以必定要照我教你們的方法，認認真真的去做。到了臨死的時候，佛和菩

薩，來接引你們到西方極樂世界去，你們自然就會親眼看見了。我若是造了謠言來騙你們，我有什麼好處呢？我不只是沒有好處，我還有罪過呢！

又有人說道：你教我的方法，方便是極方便，你所說的話，我也都懂了。不過你教我念的七個字一句的，和那五個字一句的，那些話究竟是什麼意思，我還是不懂？

我回答他道：七個字一句的。前面的八句，叫做**讚佛偈**，是稱讚阿彌陀佛的。中間的十六句，叫做**發願文**，是懺悔自己的罪孽，並發願心要到西方極樂世界去的意思。末後五個字一句的，那完全是**發願心**，要到西方極樂世界去的意思。

你們若是一句一句的意思，都不明白，或是還有不識的字，你們可以問問識字、通文理的人，再請他解釋一遍，自然能夠明白了。

17 阿彌陀佛的大願心

佛是最了不得的，他的壽是長得沒有限量的。他身上放出來的光，又亮又大，也是無窮盡的。他的功德，是高得不得了的。他的威力、他的神通、他的智慧、他的福德，也都是大得不得了的。他專門做大慈大悲的事情，救拔苦惱的人。他要一切眾生，先**逃出**這個**生死輪迴**的苦處，（**輪迴**，就是投生的意思。因為人死了，就要去投生，投了生，又要死，彷佛像輪盤一樣的轉。死了又生、生了又死，所以叫做輪迴。）再得到成佛的樂處。

所以釋迦牟尼佛，在那阿彌陀經、無量壽經、觀無量壽佛經，（這三種，都是佛經的名稱。）專門說阿彌陀佛立的大誓、發的大願、他的無量的功德、和西方極樂世界，說不盡的種種好處。要大家生出信佛的心來，發出求**生到西方極樂**

世界去的願心來，使阿彌陀佛，度脫眾生的大願心，可以滿足。

不只是釋迦牟尼佛，在前面所說的幾種佛經裏，也是這樣說的。即使在別種佛經裏，也都說到西方極樂世界的好處，也都勸人求生到西方極樂世界去的。並且還有西天的諸位大菩薩和我國的歷代傳佛法的祖師，還有信佛的國王、大臣、專門保護佛法的大善人、或是專門修行的大善人，也都著作各種書來，稱讚阿彌陀佛的功德，和西方極樂世界的好處。

所以你們，不只是自己應該一心一意，求生到西方極樂世界去，並且還應該勸旁人一心一意，求生到西方極樂世界去。你們要曉得，勸旁人修行，那自己的功德，就更加大得不得了。

阿彌陀佛的恩德，無量無邊，即使到了幾千幾萬年，也是說不盡的。所以阿彌陀佛，實在是不得了的。你們若是情願歸向他，自然能夠受到他的恩德，得到他的好處，也是不得了的。

我前面所說西方極樂世界的種種好處，若不是佛有這樣種種不得了的功德，哪裏會有這樣的好處，這樣的福氣，這樣的快樂呢？

所以我們在輪迴裏的人，千萬要仰仗佛，歸向佛的。我們要仰仗佛，歸向佛，只要天天念佛，時時念佛，才能夠滿足我們要修到西方極樂世界去的心。

譬如我們跌在糞坑裏，囚在監牢裏，自己想要出來，怎麼樣也出不來。總希望有一個大權力、大威勢的人，把自己從糞坑裏提出來，從監牢裏放出來，回到自己家裏去，安安樂樂的過日子才好。我們現在這世界的齷齪，像糞坑一樣，不能自由自在，像監牢一樣，我們想要逃出這個世界，總是做不到。

既然阿彌陀佛，有這樣的大願心，要度我們離開這個世界，我們若能夠照釋迦牟尼佛，在各種佛經裏，說的好方法，發出信佛的心來，立定了主意，誠誠實實，懇懇切切，一心一意的念阿彌陀佛，一心一意求生到西方極樂世界去，並且惡的事情一點也不做，專門做種種善的事。這樣就沒有一個人，不能夠生到西方極樂世界去了。

因為阿彌陀佛，對我們真是如同自己親生的兒女，一樣的寶貝。所以凡念佛求生到西方極樂世界去的人，阿彌陀佛，沒有一個不來接引的，沒有一個不在今世接引去的。所以我們要下定主意，趕緊去念佛修行。

18 佛不說妄語

有一種見識淺的人、還有多疑惑的人，連佛經上所說的話，都不能十分相信，那真是太不明白道理了。

你們要曉得，佛是最不喜歡說妄語的，所以總是禁戒人不要說妄語。佛把說妄語的壞處，和殺害生命、偷盜人家東西、姦淫人家婦女，三種惡業，叫做四種根本的重罪。（就是五戒，但少一種戒飲酒。）無論是出家人，不是出家人，都要守這個禁戒。

佛既然禁戒人說妄語，哪裏還會自己說妄語呢？若是佛也說妄語，佛自己應該先墮落了，哪裏還會成佛呢？佛既然有守禁戒的功德而成了佛，他對我們說的話，一定不是妄語，一定是真實不虛，這是一定的道理。

平常的人說妄語，都是為了兩種緣故，一種是想要得到好處，一種是想要避掉害處。到了佛的地位，已經再好也沒有的了，還想得到什麼好處呢？講到害處，更加不會有了，那麼佛為什麼還要說妄語呢？

所以佛說的話，不可以不相信，若是佛說的話，還不相信，那就沒有可以相信的話，也就沒有可以相信的事情了。所以我勸你們，千萬不可以不相信，千萬不要有一點點的疑惑心。

19 慧遠法師與王日休

我再告訴你們，從前東晉的時候，有一個專誠念佛的和尚，叫慧遠法師。他在江西廬山上，結了一個念佛的會，天天念佛。那一天正在念佛的時候，忽然看見阿彌陀佛和觀世音、大勢至兩位大菩薩，都在天空裏候著。對慧遠法師說道：再過七天，你就要生到我們的國度裏來了。等到過了七天，那慧遠法師，真的就**坐化**了。（坐著死去，叫做坐化。）這個法師，就是我們中國修念佛法的第一個祖師。從慧遠法師起，後來照這個方法，修到西方極樂世界去的人，不曉得有多少呢！

宋朝時候，還有一個京師大學的進士，是龍舒地方的人，姓王，名叫日休，他是一個極有學問的人。他不肯做官，情願受信佛人的聘請，教授信佛人家的子

弟。並且他隨處隨緣，勸人念佛，他自己更是天天不斷的念阿彌陀佛，念了還拜，每日總要拜到一千拜。到了臨死的那一天，他正站在那裏念佛，忽然說道：佛來迎接我了。說完了這句話，他的身體，仍舊立著不動，但是已經聽不見他念佛的聲音了。他的弟子們，就走到他身邊去看看，哪裏曉得他，已經**立化**了。（立著死的，叫做立化。）你們看看，這種事情，稀奇不稀奇呢？他還著了一本書，叫做龍舒淨土文，專門勸人念佛求生到西方極樂世界去的。他把這本書自己親自刻了木板，走到這裏，就在這裏刻一副，走到那裏，就在那裏刻一副。他自己親自刻的木板，總共有二十多副。因為他要天底下的人，都曉得念佛的好處，所以刻得這樣的多。到他死了之後，後來有人把這本龍舒淨土文，再刻一副木板，就把他念佛立化的像，刻在這本書的前面，表示尊敬崇拜他的意思。

後來還有一個做官的人，名叫呂元益，一向照他所說的法子念佛、拜佛的，也要刻龍舒淨土文的木板，刻到了半中間，木板裏頭，刻出三顆舍利來了。（**舍利**，是印度國的話，我們中國，叫做身骨。凡是成佛、成菩薩、成羅漢的人，和得道的高僧，死後肉身焚化起來，就會有舍利出來的。若是成佛、成菩薩的人，

那種舍利，比了金剛，還要堅硬到百倍。若是高僧的，那就不能夠這樣的堅硬了。所以肉身焚化了，能夠有舍利出來的緣故，都是因為戒、定、慧三種的功德，修到很高深了，才能夠有這種的奇怪事情。）你們看看，稀奇不稀奇呢？這件事情，是確確實實的。不但是王龍舒先生，有這樣奇怪的事情。就是別種書上所說的，念佛生到西方極樂世界去的人，像王龍舒先生一樣的，其實還多得很呢！都是有名有姓，可以查考的，難道還不相信嗎？

20 誠心唸佛

又有人說道：我常常念佛的，不曉得什麼緣故，不念佛的時候，心裏倒還好，一念了佛，心裏的念頭，就多得不得了。

忽然一個念頭起來，忽然一個念頭落下，竟然沒有停歇的時候。要它心靜，越不能夠靜，一點也不能一心一意的念佛。胡思亂想，這樣的多，恐怕念了也沒有用。

我回答他道：口裏念佛，心裏想到旁處去，的確是不好的。不過一個平常的人，心裏都是很亂的，起初念佛，哪能心靜呢？

你們只要誠心念，慢慢日子久了，自然就會漸漸心靜起來的，這倒可不必

急。況且你們的心裏亂，是向來都亂的，並不是念了佛才亂的。只不過念了佛，自己才覺得心亂罷了。你們沒有念佛的時候，心裏都是亂的，自己還不覺得呢！

譬如天空裏，本來是很多灰塵的，只不過人人都看不見罷了。一有太陽光照了，就看見亮光裏飛的灰塵，多得不得了。你們沒有念佛的時候，不覺得念頭多，並不是念頭不多，只是自己不覺得罷了。譬如灰塵，沒有被太陽光照的時候，並不是沒有灰塵，只是人們看不見罷了。

等到你們念了佛，念頭就覺得多，也並不是念了佛，念頭才多的，只不過念了佛，才感覺到罷了。譬如灰塵，並不是太陽光照了才有的，只是太陽光照了，才看得出來罷了。

現在你們念了佛，覺得念頭多，覺得心很亂。其實在你們的心，比沒念佛的時候，已經安靜多了，所以感覺到的，其實已經很進步了。你們只要有耐心，誠心去念，就能夠一天進步一天，慢慢的心就可以不亂了。

我還有一個極容易的方法教你們，可以使你們的心，容易安靜。就是在你們念佛的時候，無論是高聲念，是低聲念，只要自己聽自己念佛的聲音，要**一個字**

一個字聽得清楚，**一邊念**，**一邊聽**，那個心自然不會想到旁處去了，自然會歸在一處了。一天又一天，漸漸的聽慣了，自然心就不會亂了，這是極容易試驗的，你們若不相信，可以先去試試看，究竟我的話，靈驗不靈驗。

21 仙人超不出三界

又有人說道：一個人修成了仙人，也是很好的，神通也大得不得了，為什麼一定要求生到西方極樂世界去，希望將來成佛呢？

我回答他道：仙人雖然有很大的神通。不過仙人的神通，最多也不過得了天眼通、天耳通、他心通、神足通、宿命通，五種神通罷了。講到漏盡通的一種神通，實在是一點影子也沒有得到。所以有一句話，叫做**五通仙人，六通羅漢**。就是說仙人只不過能夠得到五種神通，羅漢才可以得到六種神通。並且仙人所得的五種神通，比羅漢所得的五種神通，表面上看起來，一樣是五種神通。但是神通的高下，就相差得遠了，就譬如土塊比泰山一樣了。那麼仙人還比不上羅漢，怎麼能夠比佛呢？並且仙人因為不能夠得到漏盡通的神通，所以就不能夠超

出三界。只好仍舊在這個輪迴裏，不停的轉來轉去。為什麼呢？因為仙人所修的，都是福。他能夠成為仙人，就是他修福的報應。不過可惜，他沒有修那真實的功德，（什麼叫真實功德，我下面再講給你們聽。）所以就不能夠回復他本來的佛性。因為不能夠回復本來的佛性，所以就不能夠了生脫死，超出三界了。

講到三界裏的人，從四王天、忉利天起，各種人的壽命福分，都是一層高一層，越上越高。到了無色界最高的非非想天，那裏的人的壽命，就有八萬四千大劫的長了。（**劫**，是最長的時候的名稱，有大劫、中劫、小劫，三種。世界壞一次，成一次，叫做一大劫。

一個**大劫**裏，分做**成**劫、**住**劫、**壞**劫、**空**劫，四個中劫。

一個**中劫**裏，又分做**二十個小劫**。

一個**小劫**的時間，已經是很長了，怎麼樣計算呢？是從人的壽命，有八萬四千歲的時候，減起來。每過一百年，人的壽命，就要減少一歲，減到人的壽命，只有十歲的時候，再從十歲加起來。每過一百年、就要加多一歲、加到八萬四千歲、這麼多的年代，叫做一個小劫。

二十個小劫，叫做一個中劫。成劫、住劫、壞劫、空劫，四個中劫裏，各有二十個小劫。

所以一個大劫裏，總共有四個中劫，就有八十個小劫。非非想天的人的壽命，有八萬四千個大劫那麼長。）不過壽雖然是這樣長，若是天上的福享盡了，也還要墮落下來的。或是墮落到下幾層的天裏，或是墮落到我們人的世界上來，都是說不定的。

若是他從前所造的惡業，還沒有受過報應，還要墮落到畜生道、餓鬼道、地獄道裏去呢！你們想想看，到了這樣最高的非非想天，還要墮落下來，那麼修仙人有什麼好呢？況且修仙的人，並非每個人都能夠修到非非想天呢？那不能夠修到非非想天的人，更加容易墮落，當然不用說了。

從前有一個仙人，專門修一種定心的法子，叫做非非想定。等到死了，真的生到非非想天去了。到了後來，非非想天的福享盡了，就投做一隻飛貍。

還有一個天帝，享完了天福，卻投入在一個牛的頭頸裏的蟲，那不是墮落到畜生道裏去了嗎？就算不是墮落到畜生道裏去，或是墮落到人道裏去，而回到我

們這個世界上來做人，看起來好像是還好。不過已經修到天上去了，仍舊墮落下來做人，還有什麼好呢？況且做了人，恐怕又要造惡業，免不了要墮落到畜生、餓鬼、地獄道裏去。

所以修到天上去，或是修成仙人，都沒有什麼好。若能夠照我所說念佛的法子，往生西方極樂世界去。那就不但是修了福，並且還修了真實的功德，一定永遠不會墮落了。

22 曇鸞和尚

什麼叫做真實的功德呢？**功德就是善根**，善根是要在佛前種的，聲聲的念佛，天天的拜佛，這才是真實的大功德呢！觀無量壽佛經上說的，至至誠誠，懇懇切切，念一句南無阿彌陀佛，就可以除掉八十億劫生死的罪苦。從前十萬叫做一億，八十億劫，就是八百萬劫。一心一意的念佛，就可以把八百萬劫所造的罪業，一齊都消去了。罪業既然消去了，當然不再受那生死輪迴的種種苦惱了，這樣的功德，還不算大嗎？況且還靠著阿彌陀佛的大願心的力量，哪有不成功的道理呢？

所以念佛的人，真是一萬個人修，一萬個人成功的。無論這個人的善根，是上等的、是中等的、是下等的，只要肯念阿彌陀佛，都可以成功。既然能夠修成

生到西方極樂世界去，天天和佛菩薩在一塊兒，就只有上進，不會再墮落的道理了。並且自然會回復本來的佛性，自然會漸漸到佛的地位了。

所以我說那修仙人的人，遠不及那一心念佛的人，修生到西方極樂世界去。世界上的俗人，看到仙人和各種天上的人，都當他們和聖人一樣，照佛法說起來，他們還是凡夫。

從前六朝時候，有一個得道的高僧，名叫曇鸞和尚。他一心想求長生不死的法子，聽到有一個得道的仙人，姓陶，名字叫宏景，那曇鸞和尚，就到這個陶仙人那裏去，求修仙的法子。那陶仙人就把十卷仙經，給了曇鸞和尚。曇鸞和尚，得到了這十卷仙經，歡喜得不得了。

後來這曇鸞和尚，又碰到了一個印度來的高僧，名叫菩提流支。曇鸞和尚就向他問道：佛有長生不死的法子嗎？那菩提流支對曇鸞和尚笑著說道：只有佛教，有真正長生不死的法子。他就把一部**觀無量壽佛經**，給曇鸞和尚，並且叮囑他道：只要能夠照這個法子去修，就能夠永遠超出三界，不再受六道輪迴的苦了。

那曇鸞和尚，得到了這部佛經，就照了佛經上所說的法子，專心修行念佛，求生到西方極樂世界去，把先前所得的十卷仙經，一齊燒了。

到後來又有一天，曇鸞和尚忽然看見一個印度的和尚，自己說名叫龍樹，（龍樹，是菩薩，是印度第十四代祖師，生到西方極樂世界去的。）對曇鸞和尚說道：因為你是我的同志，所以專門來看望你的。那曇鸞和尚就曉得，自己生到西方極樂世界去的時候到了。就叫他的弟子們，一同念佛，自己向西方，拜了佛，就圓寂了。（圓寂，就是死了。）眾人都聽到天空裏，有各種音樂的聲音，從西面來。隔了許多時候，那聲音才沒有。

這也是真實可靠古書上說的。你們想想看，倘若修仙和修佛是一樣的好，為什麼曇鸞和尚，肯把那仙人給他的仙經，燒去了，重新修這個求生到西方極樂世界去的法子呢？當時的皇帝，因為這個曇鸞和尚，有種種的神異，所以很尊敬他，叫他神鸞。

23 參禪難

這個人又問我道：修佛的好處，好到沒有再好的了，我明白了。不過我聽說，修成佛的方法，還有一種叫做參禪。（參禪的道理，說起來，很不容易懂的，所以我不說了，你們也不必求懂了。）為什麼你專門教我念阿彌陀佛，修生到西方極樂世界去的方法，為什麼不教我參禪的方法呢？

我回答他道：修成佛的方法，的確是很多的。並且還有教宗、律宗、密宗，種種的方法，（這都是很深很難的，我也不詳細說了，你們也不必求懂了。）也都可以得道。但是總不及念佛修生到西方極樂世界去的方法，又簡便、又穩當，容易成功。我希望世界上的人，都修成功，所以勸你們大家修這個念佛求生到西

方極樂世界去的方法。

那參禪的方法，雖然是很好的，不過**參禪**是全仗自己的力量，比念佛，依仗阿彌陀佛的力量，哪一種難？哪一種容易？就相隔得很遠了，像天和地，相隔一樣的遠。怕這一世裏，不能修成，那就白白浪費許多功夫了。

還怕心裏不十分清淨的人，反而著魔了，那不只是不能修成，反要墜落受苦了。為什麼呢？因為一旦著了魔，就要迷失本來的心性，隨便亂來，瞎說瞎話，那些沒有真見識的人，就會上他的當，那麼罪孽就很重了。所以我把念佛修生到西方極樂世界去最穩當的方法，教授給你們。

從前有一個得道的法師說過的，譬如一根竹子裏，有一條蟲，要想出來。參禪的方法，像竹子裏的蟲，從竹根起，一節一節，咬穿了出來，這樣要費許多的功夫，許多的煩難。修念佛求生到西方極樂世界去的方法，像是竹子裏的蟲，從橫向咬穿了出來，不是很爽快、很容易的嗎？

你們看了這個比喻，你們就可以明白了。有一部佛經，叫大集經。佛在這部經裏說過的，到了末法的時候（釋迦牟尼佛出世後，在五百年裏，叫做**正法**的時

候。過了五百年，到千五百年為止，叫做**像法**的時候。過了這一千五百年後，叫做**末法**的時候。末法的時候總共有一萬年，現在已經時將近三千年，所以正在末法的時候了。）倘若有一百萬萬個修行的人，難得有一個人，能夠修成的。只有念阿彌陀佛，修生到西方極樂世界去，才可以了脫生死輪迴的種種苦處。

那麼照這佛經上所說的話，我們現在，既然做了末法時候的人，除了念阿彌陀佛，求生到西方極樂世界去的方法，再沒有一個好方法，能夠靠得住，脫離這個苦世界的了。

你們要曉得，一個人得到人身，是很不容易的。在我們這個世界上的日子，是過得很快的。千萬不要錯過了這個好機會，將來懊悔來不及。我勸你們，大家趕快，至至誠誠，去念那阿彌陀佛，趕快求生到西方極樂世界去，不要多疑多問了。

24 放心去念佛

若是講到佛的種種深奧的道理，和種種修行的法子，各種佛經裏，都說盡了的。有讀書明白道理的人和有善根的人，可以自己去看。我這本書，是專門為了識字不多的人和事情極多，沒有閒功夫的人作的。

你們要曉得，我所說的，都是從各種佛經上摘錄下來，沒有一句是我憑空造出來的。我哪裏敢造一句假話來騙人，害自己將來到地獄裏去受罪呢？

不過佛經都是文理很深的，我希望大家容易懂，所以把它編成白話罷了。況且我編成了這本書，還請了各處得道的高僧看過，才敢刊印出來，所以你們可以放心大膽，照這本書上所說的方法去做。

並且希望你們看了這本書，立刻去做，還要大家傳揚出來，勸大家念佛。大家求生到西方極樂世界去，將來都能夠成佛，那麼我的願心，也就可以畢了。

初機淨業指南　終

心靈札記

心靈札記

心靈札記

心靈札記

心靈札記

黃智海居士簡介

黃智海居士（一八七五～一九六一），名慶瀾，字涵之，法名智海，上海人，前清貢生，曾任湖北德安宜昌知府。

後留學日本、回國後，創辦上海南華書局、上海三育中小學、上海法政學校。

一九一二年（民國元年），曾任上海火藥局局長、上海高級審判廳廳長。後又任浙江溫州甌海道道尹，一度兼任甌海海關總督，又調任寧波會稽道道尹，後又任上海特別市公益局局長。

一九二二年，上海佛教淨業社成立，被推為該社董事。

一九二六年，與王一亭、施省之、關絅之等發起組織上海佛教維持會，對維護佛教作出貢獻。

一九二九年，與印光法師等在上海覺園發起成立弘化社。

一九三五年，任中國佛教會常務理事。同年與胡厚甫等在上海覺園發起成立具有國際性的佛學團體——法明學會，任副會長。

一九三六年，任上海佛教徒護國和平會理事。是年，又任上海慈善團體聯合救

災會副主任，兼任救濟戰區難民委員會副主任。

一九四五年，任中國佛教會整理委員會委員。

一九四七年，任中國佛教會上海市分會理事兼福利組主任。

隨後，當選為上海市人民代表及上海佛教淨業社社長。

一九五六年，被推為上海佛教淨業居士林名譽主任理事。

一九六一年，逝世，享壽八十七歲。

黃智海居士中年皈依佛教，是淨土宗印光法師弟子，對淨土宗頗有研究。所著《阿彌陀經白話解釋》及《初機淨業指南》兩書，當時譽為淨土宗初機最佳良導。

他晚年發願把「淨土五經」都寫成白話解釋，來弘揚淨土宗，後來他寫的《觀無量壽佛經白話解釋》、《華嚴經普賢行願品白話解釋》都已出版。《無量壽經白話解釋》寫了一大半，因年老多病，沒有完成。

他還撰有《了凡四訓》《心經白話解釋》、《佛法大意白話解釋》、《朝暮課誦白話解釋》等。他的著作，都是用淺顯通俗的白話文寫成，對全國各地佛教信眾起了廣泛的影響。

初機淨業指南 / 黃智海著. -- 2版. -- 臺北
市 : 笛藤, 2019.07
面 ;　公分
ISBN 978-957-710-765-7(平裝)
1.淨土宗 2.佛教修持

226.55　　108011812

2019年7月23日　2版第1刷　定價140元

作　　者	黃智海
監　　製	鍾東明
編　　輯	葉艾青
編輯協力	斐然有限公司
封面設計	王舒玗
總 編 輯	賴巧凌
發 行 所	笛藤出版圖書有限公司
發 行 人	林建仲
地　　址	台北市中山區長安東路二段171號3樓3室
電　　話	(02) 2777-3682
傳　　真	(02) 2777-3672
總 經 銷	聯合發行股份有限公司
地　　址	新北市新店區寶橋路235巷6弄6號2樓
電　　話	(02)2917-8022 · (02)2917-8042
製 版 廠	造極彩色印刷製版股份有限公司
地　　址	新北市中和區中山路2段340巷36號
電　　話	(02)2240-0333 · (02)2248-3904
印 刷 廠	皇甫彩藝印刷股份有限公司
地　　址	新北市中和區中正路988巷10號
電　　話	(02) 3234-5871
郵撥帳戶	八方出版股份有限公司
郵撥帳號	19809050

隨身版

初機淨業指南